AMER

FIR